예쁜 것은
너를 닮았다

문화앤피플

예쁜 것은 너를 닮았다

초판인쇄 2025년 8월 15일
초판발행 2025년 8월 15일

지은이 조육현
펴낸이 이해경
펴낸곳 (주)문화앤피플뉴스
등록번호 제2024-000036호
주소 서울 중구 충무로2길 16, 4층 403호 (충무로4가, 동영빌딩)
대표전화 02)3295-3335
팩스 02)3295-3336
이메일 cnpnews@naver.com
홈페이지 cnpnews.co.kr

정가 13,000원
ISBN 979-11-94950-05-09 (03810)

※ 이 시집은 문체부 한국예술인복지재단 창작지원금으로 출간되었습니다.
※ 이책은 전부 또는 일부 내용을 재사용하려면 반드시 저작권자와 도서출판
  문화앤피플의 동의를 받아야 합니다.
※ 이 도서의 국립중앙도서관 출판시도서목록(CIP)은 서지정보유통지원시스템
  홈페이지(http://seoji.go.kr)와 국가자료공동목록시스템(http://www.go.kr/kolisnet)
  에서 이용하실 수 있습니다.
※ 이 책은 교보문고와 연계하여 전자책으로도 발간되었습니다.
※ 이 책은 국립중앙도서관 홈페이지에서 검색 가능합니다.
  잘못 만들어진 책은 바꿔드립니다.

예쁜 것은 너를 닮았다

조육현 시집

문화앤피플

/ 시인의 말 /

스무 해 동안 시와 함께 숨 쉬었네-

   세상의 온갖 풍파를 겪으며 울기도 하고 웃기도 했습니다. 기쁨과 슬픔, 성공과 실패, 모든 순간이 제 삶의 켜를 이루었습니다. 그 켜 하나하나에는 시가 스며들어 있었습니다. 책은 제게 끊임없이 배우는 삶을 가르쳐 준 스승이었고, 글쓰기는 마음의 샘과 같았습니다. 고갈될 것 같던 영혼의 샘에서 '시'라는 맑은 물줄기가 끊임없이 솟아올라 메마른 갈증을 달래주었습니다.

   한때는 사업의 쓴잔을 마셨습니다. 탐욕의 늪에 빠져 허우적거리기도 했습니다. 하지만 시는 그 욕심을 조용히, 그리고 단호하게 가라앉혀 주었습니다. 시 속에서 저는 저 자신을 되돌아보았고, 진정한 행복이 무엇인지 깨달았습니다. 탐욕의 굴레에서 벗어나 자유로워지는 순간, 마음속에 평화가 찾아왔습니다. 그 평화는 시가 선물한 가장 귀한 선물이었습니다.

이제 날숨이 멈추는 날까지, 저는 멈추지 않고 글을 쓸 것입니다. 운동은 제 육체를 단련하고, 글쓰기는 제 영혼을 단련합니다. 두 가지는 삶의 양 날개와 같습니다. 하늘을 향해 힘차게 날갯짓하며, 더 넓은 세상을 향해 나아갈 것입니다.

시는 제 삶의 동반자입니다. 영원히 함께 할 벗이자, 삶의 이정표입니다. 시가 있기에 저는 오늘도 삶의 희망을 노래합니다. 시가 있기에 저는 내일도 삶의 아름다움을 발견할 것입니다. 시는 제 삶의 모든 것입니다. 그것은 숨 쉬는 이유이자, 살아가는 이유입니다.

시와 함께 영원히....

2025년 여름에 **조 육 현**

차례

시인의 말 • *04*

1. 봄의 향연

봄의 향연 1 - 생강나무꽃 • 12
봄의 향연 2 - 홍매화 • 13
봄의 향연 3 - 기억의 향기 • 14
봄의 향연 4 - 뭉게구름 • 15
봄의 향연 5 - 주암댐 보성강의 노래 • 16
봄의 향연 6 - 평택호 • 18
봄의 향연 7 - 할미꽃 사랑 • 19
아카시아 술 • 20
꽃샘추위 • 21
21대 대선투표 • 22
정동진 모래시계 바다에서 • 23
2025 삼일절 행사장에서 • 24
군포 철쭉 축제에서 • 25
2025년 식목일 • 26
눈 내리는 봄 • 27
오일장 • 28
홍매화 그대 • 30
제비꽃 • 31
청보리 축제 길 • 32
2월 앞에서(민조시) • 34
봄 편지 • 35
유관순 • 36
할미꽃 • 38
청룡의 기상(민조시) • 39

2. 여름의 소리

여행 1 • 42
내 마음에 비가 내린다 • 44
기쁨의 눈물 • 46
송도 롱비치 파크 • 47
물회 • 48
산책로에서 • 49
현충일 70주년 • 50
한국 노년 새로운 꿈을 꾸다 • 51
향수 • 52
빛바랜 꽃다발 • 53
사랑의 향기 • 54
속초 영랑호의 아침 • 55
울어라 열풍아 • 56
광복의 노래 • 58
백정화 연정 • 60
비 오는 날의 잔향 • 61
예쁜 것은 너를 닮았다 • 62

3. 가을의 정취

음성 봉화골 산림욕장에서 • 66
음성 은혜 사과농장 • 67
시월의 마지막 잎새 • 68
늦가을에 걷는 길 • 70
꿀벌들의 겨울잠 • 71
벌초 • 72
천사의 나팔꽃(민조시) • 73
민둥산의 억새 물결 • 74
만항재 – 가을빛 길을 걷다 • 76
가을이 내려앉는 소리 • 78
태백산맥의 기상 • 80
보랏빛 향연 • 82
노인과 바다 • 83
형님을 보면서 • 84
소원 들어주는 나무 • 86
두물머리에서 – 물의 미학 • 88
황금빛 추억 • 90
삼길포에서 • 92
억새(민조시) • 93

4. 겨울의 고요

술 한 동이 비우고 싶다 •96
무안공항의 먹구름 •98
신채호 선생 탄신 144주년을 기념하며 •100
첫눈 내리는 밤 •102
꿀벌들의 겨울잠 •104
설경에 비친 햇빛 •105
정월 대보름 •106
새해 아침 •107
한곡리 연가 •108
을왕리 연가 •109
첫눈 •111
바람 1 •112
바람2 •113
내 어머니 •114
스무 해 詩 품에 안겨 •116
내 아이야 •117
한국노년교육협회 창립 •118
반백의 나이 •119

백담사에서 • 120
누름돌(민조시) • 122
무지개(민조시) • 123
고구마 연정 • 124
아버지의 사랑 • 126
나의 조각품 1 • 128
겨울연가 1 – 동치미와 고구마 • 130
겨울연가 2 – 희망 안은 을왕리 해변 • 132
겨울연가 3 – 방패연 • 134
겨울연가 4 – 홍시 • 136
겨울연가 5 – 바람개비 • 138
겨울연가 6 – 설날의 추억 • 140
겨울연가 8 – 눈 덮인 고향 • 142
겨울연가 9 – 정월 대보름 • 144

1장

꿀벌들의 흥겨운 합창
나비의 춤사위
산새들의 신나는 오케스트라
어우러진 봄의 향연

봄의 향연

봄의 향연 1
- 생강나무꽃

잠에서 깨어나는 땅
햇살은 부드러운 붓이 되어
산자락을 노랗게 물들입니다

만개한 생강나무꽃
향긋한 꽃내음
황홀한 봄의 심장이
쿵쿵 뛰는 소리에
겨울의 흔적은 녹아내리고
봄바람은 노란 꽃잎과
함께 춤을 춥니다

꿀벌들의 흥겨운 합창
나비의 춤사위
산새들의 신나는 오케스트라
어우러진 봄의 향연

눈부신 햇살 아래
생명의 율동이 가득한 봄
생강나무꽃은 봄의 전령사...

봄의 향연 2
- 홍매화

봄바람에 살랑이는
고령목 가지에
붉은 홍매화 피어나
겨울잠에서 깨어난다

세월의 흔적 품고
고독 속에 피어난
강인한 생명의 숨결
자연의 선물이로다

섬진강 대숲 바람 따라
은은한 향기 퍼져나가
고요한 묵향처럼
고고한 기품을 드러낸다

다시 찾고픈 이 길
고령목의 굳건함
화려한 홍매화의 만남
눈물겹도록 아름다워라.

봄의 향연 3
 - 기억의 향기

햇살은 곱게
봄바람에 실려 춤을 추고
커피 향은 그윽하게
봄날의 추억을 불러냅니다

그대의 봄은
어떤 모습으로 피어나고 있나요
벚꽃잎처럼 흩날리는
그 날의 기억
가슴에 봄비처럼 내립니다

서울 간 나를 보며
토담 뒤에서 숨어 울던
등 뒤에 감추었다가 꺼낸 꽃다발
그 따스함은 봄의 짧은 순간처럼
가슴속 깊이 간직된
아련한 향기입니다

봄날 이야기는
기쁨과 슬픔이 어우러진
아름다운 선율이 되어 장년의 나이에도
영원히 내 마음속에 봄으로 남으리...

봄의 향연 4
- 뭉게구름

푸른 하늘 아래
봄바람은 춤을 추고
땅은 햇살에 몸을 맡긴다

뭉게구름 하얀 솜사탕처럼
천천히 흘러가고
연둣빛 새싹은
수줍게 고개를 내밀고
진달래는 붉게 피어
봄을 노래한다

나뭇가지 사이로
새들의 지저귐이 울려 퍼지고
들판에는 파릇파릇한 생명이
꿈틀거린다

뭉게구름 그림자 아래
따스한 햇살은 모든 것을
포근하게 감싸 안고
봄은 자연과 하나 되어
숨 쉬고 있다

봄의 향연 5
  - 주암댐 보성강의 노래

푸른 산 굽이굽이
햇살 가득한 봄날처럼
싱그러운 기운이 넘치는 곳
주암댐은
고요히 잠들어 있네

어릴 적 기억 속
맑고 푸른 보성강은
이제 깊은 물 아래 잠들었지만
그 아름다움은
여전히 내 마음속에
살아 숨 쉬고 있다

작은 다리 건너
친구들과 뛰어놀던
시원한 강바람
물고기 잡던
따스한 햇살
그 기억은
마치 아름다운 멜로디처럼
마음속에 울려 퍼진다

굽이굽이 흐르던 강물은
이제 넓은 호수로 변했지만
옛날의 흔적은
저 멀리 산비탈에
아름다운 그림자로 남아 있네

주암댐 아래
보성강의 굽이진 물길은
어릴 적 추억을 품고
잔잔히 흐르고

저 멀리 펼쳐진 산자락은
영원히 변치 않을
추억의
캔버스다

봄의 향연 6
 - 평택호

봄볕에
눈부신 물결 사이로 흩날리는 벚꽃
달콤하면서도 은은한 향기가
물 위에 퍼져 나간다

가까이 다가가면
알싸하고 풋풋한 향이 코끝을 스치고
멀리서 바라보면
그윽하고 깊은 향이
공기를 감싼다

싱그러운 풀 내음
새 생명의 숨결이 느껴지는 풍경
깊고 푸른 물빛에
마음을 담는다.

봄의 향연 7
 - 할미꽃 사랑

희끗희끗 흰 머리카락처럼
봄볕 아래 핀 할미꽃
구십 고갯길 넘어
할아버지 무덤가에 피어났네

바람결에 흔들리는 쓸쓸한 모습
마치 늙은 할머니의 굽은 허리 같아
가슴 아픈 봄날의 그림자
못다 한 사랑의 흔적
봄바람에 흩날리는 꽃잎처럼
애절한 그리움이 풀잎 사이로 스며든다

보슬비 내리는 날이면
할미꽃은 고개 숙여 옛사랑을 그리워하고
봄은 그 깊은 슬픔을 온 들판에 퍼뜨린다
할미꽃의 봄은 애절한 사랑의 노래
잊지 못한 약속 잔잔한 슬픔으로 가득 차 있다

봄의 향연 속에서 할미꽃은 홀로
외로운 사랑을 노래한다.

아카시아 술

햇살 가득 머금은 아카시아 향기
맑은 봄날의 기억을 떠올리며
하얀 꽃잎 곱게 다듬어
유리병에 담아 술을 빚네

달콤한 향 은은하게 퍼지고
맑은 술빛 투명하게 빛나네

함께 했던 날들 하나하나
아카시아 향에 실어 보내며
그리움과 기쁨 희망 모두 담아
술잔을 기울이네

그대와 함께 그 술을 개봉하리라
병뚜껑을 열면 봄날의 향기
가슴 가득 퍼져 오르겠지

나누는 술잔 속에 추억이 넘실대고
아카시아 향기처럼 그윽한 정
오래도록 우리 마음에 남으리...

꽃샘추위

봄볕에 풀린 겨울잠
나른한 봄바람에
꽃망울 터뜨릴 채비를 마쳤건만
매서운 바람, 차가운 공기가
봄의 기세를 꺾는다

어쩔까나

나뭇가지에 앉은
새들은 움츠리고
풀잎은 꽁꽁 얼어붙고
겨울옷을 벗어 던지려던 마음은
다시 움츠러든다

봄은 꽃샘추위에도
꿋꿋이 땅을 두드리고
봄바람은 살랑거리고
꽃망울을 간지럽히며
다시 한번
봄의 기운을 불어넣는다

21대 대선투표

어둠 속에서 빛나는 한 줄기 희망의 빛
오월 이십구일
여섯 시의 종소리 가슴 뛰는 순간
손에 쥔 한 표 무게를 알기에
긴 기다림도 기꺼이 감수하네

시원한 아침 공기 따뜻한 마음으로
서로 다른 목소리 하나로 어우러지고
투표함 속에 담기는 꿈과 열정
대립의 그림자 이젠 사라지고
새로운 새벽 찬란한 태양처럼
통합의 노래 힘차게 울려 퍼지네

손을 맞잡고 함께 걷는 길
정의와 평화 우리의 미래를 향해
눈물과 희망이 어린 이 순간
국민의 마음 하나로 새 역사를 쓰네

우리의 손으로 만들어 가는 대한민국
아름다운 미래를 향한 약속

정동진 모래시계 바다에서

비가 내린다
파란 하늘에 파란 물감을 덧칠하듯
모래시계 촬영장 붉은 탁자에 앉아
우리 여섯 명
찰밥 매콤한 김치 가지튀김을 나누며
꽃씨 문학 향기를 입 안 가득 머금는다

탁 트인 바다를 바라보며
시를 읊조리는 우리의 목소리는
파도 소리와 어울려
가슴에 깊은 감동으로 울려 퍼진다

뼈에 좋은 담금주 한 잔
오늘의 행복을 곱씹으며
아름다운 풍경에 취해 마음속에 시를 새긴다

비 내리는 날 반짝이는 햇살과 쪽빛 바다
하얀 파도와 솜사탕 같은 뭉게구름이
푸른 하늘에 한 폭의 그림을 그린다
정동진 바다는 영원히 푸르른 우리의 시처럼
가슴에 영원히 남아 있다

2025년 삼일절 행사장에서

탑골공원 삼일절 아침
기미년 함성은 봄바람에 실려
잔잔히 울려 퍼진다

한민족통일여성협의회와 함께
이 자리에 서니
가슴 벅찬 감동이 밀려온다

파릇한 풀잎 사이로 태극기 펄럭이며
애국가 선율은 가슴 깊은 곳을 울린다

순국선열의 숭고한 희생은
산화한 무궁화꽃으로 피어나
영원히 우리 가슴에 남아 별처럼 빛난다

선열의 정신을 이어받아
오늘을 살아가는 우리 다시 한번
대한민국의 자랑스러운 역사를
마음속에 새기며
만세! 만세! 만만세! 를 외친다

군포 철쭉 축제에서

수리산 자락
연둣빛 봄옷을 갈아입은 산등성이에
철쭉꽃 물결이 넘실거린다

마치 꿈결처럼 아름다운 풍경
붉은빛 하얀빛 연분홍빛 철쭉꽃들이
산을 온통 뒤덮었다

봄바람에 흔들리는 꽃잎들은
춤을 추듯 하늘거리고
그 아래로 싱그러운 웃음소리
즐거운 이야기꽃이 피어난다

등산객들의 발걸음은
꽃길을 따라 이어지고
철쭉꽃 향기는 코끝을 간지럽힌다

수리산은 봄의 향연 속에서
철쭉꽃 물든 꿈을 꾸며
우리를 기다린다

2025년 식목일

화마가 휩쓸고 간 잿빛 땅 위에
나라의 아픔 깃든 혼란의 흔적에도
푸른 생명 심어 새 희망을 피우리라

봄바람 살랑이는 햇살 아래
작은 묘목 하나 정성으로 심어
푸른 잎사귀 햇빛 받아 춤추는 날
모두 하나 되어 기쁨 나누리라

하늘 향해 활짝 핀 무궁화 꽃잎마다
오색빛깔 자태로
나라의 아름다움 드높이며
그 향기 은은하게 마음을 맑히네

무궁화꽃 피우리라
손에 손 맞잡고
이 땅에 희망을 실어
푸른 꿈을 펼쳐 나가리라.

눈 내리는 봄

하얀 눈송이
봄바람 타고
꽃잎처럼 내려앉네

겨울잠 자는 땅 위에
포근히 쌓인 눈은
봄을 기다리는 마음
희망을 품고 있네

봄은 멀지 않았어

눈 녹은 자리에
새싹이 돋아나고
꽃망울 터질 그 날을
기대하며 기다리네...

오일장

매화 향기 그윽한 장터
온정의 발길
내디딘다

봄 향기
밥상 채우기 위해
등 굽은 할머니
새벽을 이고 와
인생의 무게를 내려놓는다

식욕 당기는 봄나물
팔팔한 활어들
싱싱한 새조개 앞에서
발길 멈춘다

생선 장사 아주머니
사십 고개 아들
결혼했느냐고 묻는다

여수댁
등 굽은 할머니에게
공무원 된 딸 자랑으로 이야기꽃 피운다

가마솥 누룽지
어머니 생각에
할머니 향수 둘둘 말아
국밥 한 그릇 비운다

세상 시름 털어내는 장터

막걸리 두 병
보따리에 간직하고
집에서 기다리는 영감님 생각에
휘어진 등 세워
가볍게 귀가하시는 할머니 모습이 어머니 닮아

못다 한 효도

홍탁으로 붉어진
내 얼굴에
눈물 몇 방울 흘러내린다…

홍매화 그대

광양 홍쌍리 매화골
섬진강 강가
대숲에서 부는 바람
꽃향기 살랑인다

노목에 활짝 핀
붉은 드레스 꽃 신부
연둣빛 입술

내 눈에 찍힌다

활짝 미소 짓는 내 얼굴
붉은빛으로 물들고
 봄의 뭉클함 가슴 안에 담았다

장년의 나이에
사랑 꽃 홍매화 뜰에서
혼례식을 한다

이보다 더 아름다운
봄꽃 잔치가
어디 또 있을꼬...

제비꽃

너를
자세히 보며
소박함 읽는다

너는
화려한 장미보다
가시 없는 보라의 아름다움

탯줄 타고 전해오는
감추어진 너의 모성애

진하게 수유한다
사월의 들녘

청보리 축제 길

누가 보리라 이름 지었던가

보릿고개 시절
주식이었지

청보리 익어 갈 무렵
타작이라 했던가

두 손으로 비비고
후우 불고
또 비비고 후우 불어
청보리 그 맛

허기진 배 채우고 나면
검댕이 입가
서로 보면 웃었지

역사책에 새긴 추억
안개처럼 사라지고

누렇게 익은 보리밥
건강 식단
메뉴라네

입안에서는 굴러가고
터지는 방귀 소리

당당하게 슬픔을 이긴
보리밥

고창 보리밭 사잇길

민초의 힘이여
민족의 축제여

2월 앞에서(민조시)

젊은 날
그리움이
훨훨 날아든
2월이었으면

침묵이
아른거려
길게 흐르는
맑은 인연 되어

온몸이
아파질 때
약속 흔들며
바람을 덮는 날

주름진
달빛 사이
살포시 안아
강가 뉘 오실까

봄 편지

어젯밤에
당신을 켜 놓고
잠이 들었습니다.

추억 밭에
그대와 함께 심었던
꽃씨가
아름답게 피었다는 것을
알았습니다.

봄과 함께
찾아온 그리움
감히
회춘이라 말
하렵니다.

유관순

임!
바라보았습니다
애국의 간절한 모습을

임!
들었습니다
만세 만만세 소리를

임께서
산화하신 그날의 그 정신을 계승하고자
유관순 애국 시단이 모였습니다

천둥·번개 치고 비바람이 불어도
눈보라가 쳐도
당신의 숭고한 애국정신을
삼천리 방방곡곡에 전달하고자
아우내
독립 만세운동 공원에 모여
그날의 그 함성을 재현합니다

당신이 떠난 빈자리에서
만세를 부르고
창가를 하고
아리랑을 부르며

황금보다 더 빛나는
열사의 얼굴을 떠올리면서
애국 시로 당신의 뜻을 기리고 있습니다

만세로 물든 3월의 하늘에
애국의 꽃을 피우고
온 누리에 무궁화꽃으로
물들었습니다

임은 가셨지만
우리의 가슴 안에 영원히 남아
숨 쉬고 있습니다

이 나라를 구한
당신은
유관순 누나였습니다
유관순 열사였습니다
바로 당신은 일본제국을 물리친
승리자이십니다

아~아!
유관순 열사여!
유관순 애국 시단이여!
영원하여라!

할미꽃

잔디도 드문드문
찌그러진
할아버지 무덤

상석 앞에
등 굽고 머리 하얀
노고초 되어 피었네

못다 한 세상 이야기
구십 고갯길 모퉁이에
묻어 놓고 와

침묵하고
서 있네

보슬비 내리는데...

청룡의 기상(민조시)

새벽녘
침묵 속에
닭 우는소리
아침을 깨운다

갑진년
청룡의 해
붉은 태양빛
내 품 안에 드네

안개 낀
앞길에는
청룡의 빛이
환하게 비추고

용의 꿈
승천하니
금빛 소망을
모두 이루리라

2장

말로 다 할 수 없는
벅찬 감격의 파도가 밀려와
눈가에 어린 눈물은
기쁨의 왈츠를 추며 흘러내린다

여름의 소리

여행 1

장맛비에 움푹 파인 듯
허전할 때는
훌쩍 길을 떠난다

고속도로를 달리다가
무작정
낯선 나들목
한적한 지방 도로를 따라간다

꼬불꼬불 산자락 따라 나 있는 길
통행이 뜸하여 천천히 갈 수 있고
생각하는 숲길과 산길이 있어
얼마나 좋은가

나무들이 조용히 서 있는 산

새들의 날갯짓 소리
산자락에 옹기종기 모여있는
촌락들
정겨운 고향 내음이 난다

초가집 지붕 위에
연기가 모락모락 피어오르고
어둠이 내리는 시간이 오면
나를 부르시는 아버님
목소리 아스라이 들리는 듯

그
파란 추억
화폭에 담는다.

내 마음에 비가 내린다

이렇게
칙칙한 날에는
향기로운 커피 한 잔은 사치일 뿐

빈대떡에
구수한 옛 노래 들으면서
동동주 한 사발 마시고 싶다

올해에는
비 피해도 없었다는데
왜 이 여름은 그렇게도 가슴이 시렸는지 모른다

담 밑에선 봉숭아가
벌써 핏빛을 토해내고
코스모스가 활짝 피어 군무를 즐기는데

이런 날은
내게서 떠나간 이라도
지친 몸짓으로 돌아온다면

내 가슴 따뜻하게 불 지펴
피곤한 영혼을 위로할 텐데

여전히
심연(深淵)에 비가 내린다

너로 하여 우는 가슴은
비가 되어 쏟아진다

그대여
새파란 하늘이 그립다
애정을 듬뿍 담은 그대 미소가 고프다

기쁨의 눈물

햇살 쏟아지는 오후
가슴 한켠에 피어나는 기쁨
그 기쁨에 몸 맡긴 채 나는 춤춘다

말로 다 할 수 없는
벅찬 감격의 파도가 밀려와
눈가에 어린 눈물은
기쁨의 왈츠를 추며 흘러내린다

검은 아스팔트 위에
톡톡 떨어지는 기쁨의 이슬
마음 깊은 곳에서 솟아나는
감사의 샘물처럼
끊임없이 흐른다

이 세상 그 누구도
당신의 기쁨을 비웃을 수 없어
멈출 수도 없어
 맘껏 울고 맘껏 웃어도 좋아요
가슴 가득한 기쁨을
온 세상에 펼쳐 보여 줘요.

송도 롱비치 파크

따스한 햇살 아래
평화로운 분위기 속에서
갑자기 몰아친 파도는 예상 밖이었다

그 웅장하고 역동적인 파도 소리
마치 자연의 거대한 오케스트라가
연주하는 듯 압도적이었다

바람 불어 좋은 날
날짜를 기억하게 할 만큼 강렬했다
파도의 힘은 엄청나서
바닷가의 바위들조차 흔들리는 듯했고
멀리 인천대교까지
그 웅장한 파도의 소리가 울려 퍼졌다

함께 했던 추억
그날의 기억
오랫동안 나의 마음속에 남아 있다
바람 불어 좋은 날
내 생일이었죠.

물회

너만 웃었니
나도
웃었다

그대를 뱃속에 함께 담아
더 기뻐했다

기쁨에 愛情을 담아
잉태했네

사랑이라는 이름을...

산책로에서

아카시아꽃이
핀다
향기 품어
벌 나비 부르고
나를 부른다

아카시아꽃
향기
열매에게 내어주고

모정의
사랑으로
산책로에
하얀 비단길 만들며
떨어져 내리고 있다

내년에 또 만나자
약속하면서...

현충일 70주년

깊은 밤하늘엔 별빛 흐르고
산들바람 잠든 숲을 스치네
그리운 얼굴 떠오르는 밤
가슴 저릿한 슬픔에 잠겨

태극기 나부끼는 곳
영원한 안식 잠든 영웅들
목숨 바쳐 지킨 이 땅 위에
자유와 평화 꽃 피었네

잊지 않겠습니다
숭고한 희생 기억하며
오늘 우리 평화 누리는 날
감사와 존경 마음 담아

다시는 아픔 없는 세상
평화로운 미래를 꿈꾸며
영원히 기억하겠습니다
우리의 영웅들을...

한국 노년 새로운 꿈을 꾸다

모였네
이렇게 우리
노년교육협회엔
새로운 꿈이 피어난다

희망의 종소리 울리고
시간의 주름 속에서
우린 지혜의 빛을 나눈다

하늘의 뜻 받들어
한국의 노년을 빛내리
활기 넘치는
풍요로운 삶을 향하여
긍정의 에너지로
마음과 마음들이
하나로 모여
새 시대를 열어가는
벅찬 여정 시작되었네

노년의 아름다움
꽃피우리라
이 땅 위에…

향수

호박 넣고
된장 넣어
살짝 끓인 보성강 다슬기

여름밤 마당 가
모깃불 지펴 놓고
멍석 위에 마주 앉아 먹던 다슬기

도란도란 이야기꽃
정겹게 피어오르고
누나가 뀐 보리 방귀에
웃음보 터지던 날

붉은빛
햇고구마
보릿고개 묻어 놓았던

잊지 못할 내 고향
사랑스러운 그 시절
세월 따라와 보니
만석궁 칠 남매...

빛바랜 꽃다발

내
등 뒤에 수줍게
감추었다가
아무것도 아닌 듯이
내밀던 그 날의 꽃다발

꽃다발만큼
미소도 화사했는데

맑고 곱던 색
사랑의 색도 추억으로만
남는다.

내일은 해가 뜨겠지

기억 속의 행복
잠꼬대하며 포근히 안아본다

사랑의 향기

열흘 동안 꽃피우려
일 년을 기다리며
향기 품고 열매 맺는 너

가슴속 깊은 곳
차오르는 참사랑

순수한 사랑은
말 없는 꽃나무
향기 뿜어

천리만리 가듯
눈으로 다가가서
멀리 있는 이웃을
말없이 감동시킨다

지워지지 않는
사랑의 향기

마더 테레사 수녀님처럼...

속초 영랑호의 아침

아름다운 것은
모두
너를 닮았다

붉게 떠오르는 태양
굽이도는
둘레길 벚꽃
호수에 비친 수채화

고요를 깨우는 새소리
떨 고름에
아름다운 날갯짓

아스라이 보이는
눈꽃 핀
사월의 울산바위

범바위의 자태
내 눈에 찍힌 문필봉

그곳에 가면 詩가 있다
사랑이 있다.

울어라 열풍아

감성을 그대로
표현하고 우는 것도
용기가 필요하다

울고 싶을 때 우는 것도
사랑이요
아름다움이다

평창 올림픽을 보며
가슴에서 피어 나는 눈물의 꽃을
보았다

눈물도 미학이 있다
감동으로
흘리는 행복한 눈물

진심으로 뉘우치며
용서를 구하는 눈물

보내고 싶지 않은 분의
임종을 지키며
애잔하게 흘리는 눈물

울 수만 있다면
우는 것은 아름답다

울고 싶어도 체면 때문에
울지 못했던
나 같은 바보도 있다

사나이 우는 마음을
박일남-노래로
대신한 일도 있었다

문제는
상대의 눈치를 살피며
자신의 이익을 추구하는
고양이 눈물
즉
이웃을 속이고
거짓으로 우는 것은 하늘이 안다

이미자-노래
울어라 열풍아 노랫말처럼
기회만 있다면
모아둔 눈물을 펑펑 흘리며 밤새워 울고 싶다.

광복의 노래

삼십오 년의
뼈아픈 일제 강점기
고통 속에 잠들었던
독립투사여 깨어나라
노동력 착취 위안부 강제 동원
반인륜적 생체실험
나라 잃은 설움 민초의 설움
다시는 반복되지 않으리

임
바라보았습니다
애국의 간절한 모습을

임
들었습니다
만세 만만세 소리를

민족의 정신을 고양하여
얼을 돼 새기게
합니다

독립투사께서 산화하신
그날의 그 정신을 계승하고자
우리는 다 함께 모여
그날의 그 함성을
재현합니다
만세 만세 만만세

오늘도
임의 숭고한 정신
겨레의 열매로 영원히 맺어지리

광복의 기쁨 대한민국이여 영원하여라

백정화 연정

남원추억탕
뜨끈한 국물 속에 잠긴 채
어렴풋이 당신의 얼굴이 떠올랐습니다

백정화
그 이름처럼 하얀 꽃잎이
그때의 당신처럼 순수했던 기억이
가슴 한켠에 피어납니다

꽃말처럼 "영원한 사랑"이라고 속삭이는 듯
그때의 설렘과 그리움이
깊어지는 밤 다시금 밀려옵니다

유월
밤하늘 아래
추억탕의 따스함처럼
당신과 함께했던 시간들이
영원히 제 마음속에 남아있기를...

비 오는 날의 잔향

장마의 끈적한 열기 속에
굵은 빗줄기가 쏟아지네
여름밤의 어둠은 짙고
매미 소리는 잠시 숨을 죽였다

뜨거운 아스팔트 위에
빗물이 웅덩이를 이루고
그 속에 도시의 불빛이 흔들린다

창가에 앉아 바라보는 풍경은
흐릿한 수채화처럼 번지고
습한 공기는 숨 막히도록 무겁다

여름비의 잔향은
달콤한 과일 향과 섞여
묘한 그리움을 자아낸다

지난여름의 기억들이
빗방울처럼 떠올라
가슴 한켠을 적신다

밤은 깊어지고
빗소리는 계속되고
내 마음은 여름비에 젖어
시원한 밤을 맞이한다

예쁜 것은 너를 닮았다

햇살 가득한 오후
너의 미소처럼 맑은 바람이 불어온다
나뭇잎 사이로 쏟아지는 햇살은
네 눈동자처럼 반짝이고
풀잎 위에 맺힌 이슬은
네 눈가의 눈물처럼 투명하다

길가에 피어난 꽃들은
네 입술처럼 붉고
저 멀리 펼쳐진 들판은
네 마음처럼 넓고 평화롭다

구름 사이로 비치는 하늘은
네 영혼처럼 맑고 푸르고
저녁노을은
네 뺨처럼 붉게 물들어간다

세상 모든 아름다움은
너를 닮아 빛나고
내 마음속에 가득한 감동은
너를 닮아 깊어진다

예쁜 것은 모두 너를 닮았다
내 詩 속에 깃든 너의 모습은
영원히 아름다운 캔버스가 되리라

3장

붉고 노란 물감을 흩뿌린 단풍은
가을의 화려한 붓놀림
부드러운 햇살은
어머니의 손길처럼 온기를 전하고
차가워진 공기는
깨끗한 수정처럼 맑고 투명하다

가을의 정취

음성 봉화골 산림욕장에서

붉고 노란 물감을 흩뿌린 단풍은
가을의 화려한 붓놀림
부드러운 햇살은
어머니의 손길처럼 온기를 전하고
차가워진 공기는
깨끗한 수정처럼 맑고 투명하다

시냇물은 은빛 리본처럼 숲속을 휘감아 돌며
가을의 고요를 잔잔한 물결에 담는다
물 위에 떠 있는 낙엽은
작은 배처럼
詩 한 편을 싣고 흘러가고
고즈넉한 돌계단과 돌탑들은
옛 선조들의 숨결을 간직한 채
깊어가는 가을을 지켜본다

나뭇가지 사이 스미는 햇살
숲 전체를 감싸 안으며
마음의 솥에 담아
음성 봉화골 산림욕장을
황홀경으로 물들인다.

음성 은혜 사과농장

붉게 타오르는 노을
산등성이를 휘감고
음성 은혜 사과농장은
가을빛으로 물든다

햇살 머금은 빨간 구슬들
가지마다 주렁주렁 매달려
바람에 살랑이며
달콤한 속삭임을 퍼뜨린다

농부의 땀방울
정성으로 키운 붉은 보석
한 입 베어 물면
가을 향기가 입안 가득 퍼진다

저녁노을 닮은 사과밭
꿈결 같은 풍경 속에
희망과 기쁨이 숨 쉬고
따스한 감동이 샘솟는다

은혜 사과 향기는
마음 깊은 곳까지 스며들어
삶의 아름다움을 일깨워 주네

시월의 마지막 잎새

고즈넉한 길 따라
걷는다
가을바람은 차가워지고
낙엽은 뒹굴고 있다

저 단풍잎은
어떤 시를 써 내려갈까
저 낙엽은
어떤 이야기를 속삭일까

자연의 아름다움 안에서
영감을 얻어
풍월을 읊는다

가을 해는
뒷모습을 붉게 물들이고
노을은
새로운 추억을 잉태하더니
길을 떠난다

시월의 마지막 날
삶의 의미를 되새기는
소중한 시간
단풍잎 노랗게 흩어질세라
정좌로 앉는다...

꿀벌들의 겨울잠

붉게 물든 깊은 산속
바위틈에 숨은 작은 집
따스한 꿀 향기 가득한
토종 꿀벌들의 보금자리

가을볕 쬐며 꿀벌들은
겨울 채비를 하네
짙은 꽃가루 달콤한 꿀
겨울나기 위한 귀한 양식

차가운 바람 불어오고
밤은 길어지지만
꿀벌들은 서로 엉켜
따스하게 잠드네

꿈속에선
봄날의 꽃밭이 펼쳐지고
윙윙거리는 날갯짓 소리

가을 깊은 산
토종 꿀벌들의 숨결
겨울잠 자는 밤
봄을 꿈꾸는 희망의 노래...

늦가을에 걷는 길

단풍 숲길 따라 걸어가네

마법의 붓으로 그린 듯
붉고 노란 물감이 넘실대는
가을의 환상적인 풍경

은행잎 춤추는 오솔길
낙엽 밟는 소리 경쾌하네

삶의 가을
황금빛으로 물든
아름다운 인생의 풍경

그래서 너를 한마디로
황혼이라 했나 보다

길을 걸으며
아름다움에 취하고
풍요로움에 감탄하네

벌초

푸른 풀 덮인 선조의 뜰
아버지 어깨에 얹힌 낫은
반짝이는 은빛 도구
시간의 흐름을 새기는 붓이었네

윙윙거리는 제초기 소리
매미 소리 잠재우고
풀은 순식간에 하늘로 날아갔네
편리함 속에 숨겨진 쓸쓸함

옛 추억은 바람에 흩날리는
주암호 안개처럼
아련하게 스쳐 지나가네

푸른 풀 덮인 묘역에
선조들의 숨결이 느껴지는 한곡리
낫과 제초기는
묵묵히 흐르는 시간을
기억하게 하는 징표로 남아 있네

내 마음속에 영원히
살아 숨 쉬는
숭고한 벌초의 의미…

천사의 나팔꽃(민조시)

아래로
향해 피는
트럼펫 천사
하얀 나팔꽃

곱고도
아름다운
덧없는 사랑
어여쁜 꽃이여

천사 꽃
하얀 마음
아래로 향한
겸손한 네 모습

나팔꽃
아름다움
활짝 피었네
내 마음의 뜰에

민둥산의 억새 물결

민둥산
억새 축제 둘레길을 걸으며
가을바람에 흔들리는
억새 물결에 취한다

은빛 물결이 넘실거리는
황홀한 풍경
발걸음 가볍게
정상을 향해 오른다

억새밭 사이로 난
둘레길을 따라 걷다 보면
가을바람이
살랑살랑 불어오고
억새는 춤을 추듯 흔들린다

드디어 정상에 도착
시원하게 펼쳐진 풍경
황홀함

고요히 자리한 연못

민둥산 정상에서
바라본 풍경은
마음을 평온하게 하고
나는 자연의 아름다움에
감탄한다

억새 물결과 함께
민둥산 정상에 서니
세상의 모든 근심과 걱정이
사라진다.

만항재
 - 가을빛 길을 걷다

차도로 가장 높은 곳
1,330미터 만항재
태백산맥의 심장이 뛰는 곳

굽이 돌아 오른 산길
가을빛 풍광에 취해
오늘을 열었네

붉게 물든 단풍잎은
마치 붓으로 그린 듯
아름다운 그림을 선사하고
맑은 공기는
가슴속 깊이 스민다

가을바람은
나뭇잎을 흔들며
정겹게 속삭이고
산새들의 지저귐
흥겨운 노래

만항재 정상에 서니
온 세상이 발아래 펼쳐지고
가을빛으로 물든
태백산맥의 웅장함

가을 소리에 귀 기울이며
소원을 빌어본다

시월의 해가 뜨는 아침

굽이 돌아 오른 만항재
가을빛 길을 걸으며
품은 소원은
미래를 향한 정화

나의 꿈...

가을이 내려앉는 소리

해발 937미터 화평고개에 서서
가을이 내려오는 소리에
귀 기울여 본다

태백산
검푸른 능선 위로
붉게 물든 단풍잎이
하늘거리며
가을바람에 춤춘다

함백산
푸른 숲은
짙은 초록에서
산 아래로
가을 안개가
피어오르며
몽환적인 분위기

태백산과 함백산
두 산은
가을빛으로 물들어
마치 거대한 그림처럼
펼쳐진다

어평고개 휴게소에서 바라본
가을은
꾀꼬리단풍
고요하고 아름다운
선율...

태백산맥의 기상

구름 타고 흐르는 정기
태백산맥의 심장
함백산

하늘 가까이 솟은 봉우리
구름 아래 펼쳐진
푸른 숲은
깊은숨을 쉬는 듯
바람결에 흔들린다

기암괴석은
오랜 세월의 흔적을
고스란히 간직한 채
굳건히 자리를 지키고

맑은 공기는
폐 속 깊이 스며들어
온몸을 정화한다

태백산맥의 정기가
온몸으로 느껴지는 순간
나는 자연의 위대함 앞에
겸손해진다

구름 위를 걷는 듯한 짜릿함
가슴 벅찬 감동
자연의 위대함을 느끼게 하는
숭고한 경험

보랏빛 향연

보랏빛 물결 끝없이 펼쳐진
가슴 깊이 스며드는
향긋한 꽃내음

소나무 그늘에 피어난 맥문동꽃
마치 하늘을 수놓은 별처럼
눈부시게 아름답다

길을 따라 걸으며
보랏빛 향연에 흠뻑 빠져
세상의 근심과 걱정을 멀리 둔 채
갯내음 호흡한다

눈 앞에 펼쳐진 보랏빛 융단 위
따스한 햇살이 스미고
앉아 있는 자리에
소나무 그늘이 앉아 얼음사탕 먹잖다

서천 맥문동 축제 길
자연의 아름다움에 흠뻑 취해
시간의 정을 느낀다

노인과 바다

피로에 젖은 몸
빈 배를 안고
돌아온 항구
쓸쓸한 침묵 속에
패배의 그림자 드리운 삶의 무게에도
굳건한 의지
희망의 등불 밝히네

바다의 노래 삶의 노래 울려 퍼지고
영원한 투쟁
숙명의 길을 걸어가는
늙은 어부의 굳건한 심지처럼
영혼의 바다
끝없이 펼쳐지리라

형님을 보면서

푸른 산자락
햇살 아래 땀방울 빛나는 형
모습에
나의 미래가 스쳐 지나갔다네

순천
고향 땅에 뿌리 내린
형의 굳센 어깨
그 땀방울은
나의 꿈을 향한 열정을 닮았네

조상의 묘역에
묵묵히 풀을 베는 형
그 땀방울은
나의 노력을 일깨우는
따스한 햇살이었지

형의 굳은 의지
나의 미래를 비추는 등불이 되어
어둠 속 길을 밝혀 주었네

현곡리 고향 땅에
형과 함께한 벌초는
미래를 향한
소중한 약속이 되었는데...

못다 한
형의 마음
이송정 그늘에 앉아 있네

소원 들어주는 나무

남한강 북한강이 만나는 두물머리
푸른 물결 넘실대는 곳에
소원 들어주는 나무
한 그루 서 있다.

뿌리 깊이 박힌
그 굳건한 자태는
세월의 흐름 타고
사람들의 소원을 들어주고 있다

나무 아래 앉아
기도하는 모습
희망을 품고
소원을 속삭이는 사람들

"합격하게 해주세요."
"사랑하는 사람과 행복하게 해주세요."
"건강하게 오래 살게 해주세요."

각자의 간절한 소망을 담아
나무에 기대어
위로와 힘을 얻는다

나무는 묵묵히
소원을 들어주고
바람에 실어
하늘을 향해 기원 한다

나의 소원이 이루어지는 날
팔당호 물은 흐르고
찬란한 물결 위를
날아오르는 물새

나무는 묵묵히 지켜보며
세상의 모든 소원을 품는다

두물머리에서
- 물의 미학

시작의 샘물이
시간과 공간의 분별 없이도
산간 계곡 숲 그림자
푸른 수채화 그리며
흐른다

시간을 잊어버린
피라미
공간을 탓하지 않는
미꾸리
한가로운 유영을 한다

산 꿩이 뽀드득
날아간 보금자리에는
안개꽃 피어오르고

청정수와
산천수가 합류하여
굽이굽이
거북 되어
들어오는 형국이니

지구상의
물의 미학은 풍요롭기만
하구나.

황금빛 추억

서산에
황금빛 노을이 걸리면
내 마음
노을을 따라서
저 멀리 오솔길에 내려앉은
황금빛 추억 속에 눈을 감아본다

보고 싶다 보고 싶다
저녁노을 닮은 그대가 보고 싶다
황금빛 고운 노을은
그대의 어깨 위에 가지런히 내려앉고
내 마음도 그대의 마음에
조용히 스며든다

이제는 조각난 기억 속에서
그대를 만나야 하지만
또다시
그대를 만날 수가 있다면
황금빛 내려앉은 오솔길을
그대와 둘이서 거닐고 싶구나

저녁노을 어둠에 묻히고
밤하늘에 별들이 노래하는 시간이 오면
강가에 길게 드리워진
달그림자 바라보며 그대와 함께
행복의 노래를 부르고 싶어라

이 밤이 지새고
새벽 여명이 올 때까지
이제 다시 그대를 볼 수가 있다면
새벽 여명이 불타오르듯이
나는 그대를 위하여
한낮의 태양이 되리라

삼길포에서

황금산
상상봉에
물안개 피어오르고

삼길포 갈매기
울음소리 희미하다

소나무 두 손 벌려
초록빛으로
반기는데

어느새
산 벚나무
갈색 추억 물들이고

다람쥐
바쁜 걸음
겨울나기 준비하네

조각난
파란 추억
그리움으로 덧칠한다.

억새(민조시)

으악새
소리 내어
너를 부르고
함께 했던 그 날

심전에
피어 나는
그리움 하나
으악새 사잇길

억새
은빛 물결
꽤 청한 하늘
공원길 걷는다

4장

차가운 바람이 스치는 겨울밤
따스한 사랑주 한 잔으로
서로에게 포근함을 나누고 싶다
눈빛에 담긴 따스함이
내 마음을 녹이고
겨울밤 추위도 잊게 하는

겨울의 고요

술 한 동이 비우고 싶다

달콤한 향기 가득한 술잔에
햇살이 스며든 온기를 담고
싱그러운 꽃잎이 흩날리는 색을 입혀
내 마음속 깊은 곳에 사랑주를 담근다

자연이 숨 쉬는 푸른 숲 아래
맑고 투명한 공기를 들이마시며
나란히 앉아 미워했던 사람들과
서로의 마음을 녹이는
화해의 잔을 나누고 싶다

오랜 시간 쌓였던 서운함을 털어놓고
깊은 오해의 뿌리를 뽑아내고
진심을 담아 속삭이는 따뜻한 말로
굳게 닫혔던 마음의 문을 활짝 열고 싶다

차가운 바람이 스치는 겨울밤
따스한 사랑주 한 잔으로
서로에게 포근함을 나누고 싶다
눈빛에 담긴 따스함이
내 마음을 녹이고
겨울밤 추위도 잊게 하는

그대와 함께 나누는 술 한잔에
세상의 모든 미움과 상처가 녹아내리고
사랑으로 가득 채워진 밤
밤새도록 술 한 동이 비우고 싶다.

무안공항의 먹구름

푸른 하늘을 가르며 꿈을 향해
날아오르던 비행기는
설렘과 기대로
하늘을 가득 채웠습니다

갑자기 짙은 먹구름이 하늘을 뒤덮고
희망찬 날갯짓은 멈추고 말았습니다
따스한 햇살은
순식간에 암울한 그림자로 뒤덮였습니다

꿈을 향해 뻗어 오르던 날갯짓은
땅으로 떨어졌고
푸른 하늘은
먹먹한 슬픔으로 가득 차올랐습니다

아름다운 꿈들은
하늘에 흩어지고
가슴 저린 슬픔만이 남아
깊은 슬픔에 잠겼습니다

겨울은
차갑고 쓸쓸한 고요함으로
우리를 둘러쌉니다
하늘도 울고
땅도 울고
모두가 울고 있습니다

잊지 않겠습니다

눈물로 가득한
무한공항의 하늘과
소중한 생명을

신채호 선생 탄신 144주년을 기념하며

겨울바람 몰아치는 밤
별빛 아래 빛나는
단재의 뜨거운 정신
오늘도 우리 가슴에 살아 숨 쉬네

역사의 거울 앞에
굳건히 서서
민족의 정기를 일깨운
그 위대한 발자취
잊지 않겠습니다

조선의 혼을 담아
펜을 든 당신
어둠 속에서도
빛을 찾아
길을 밝혀 주셨네

오늘 우리는
단재의 숭고한 정신을 이어받아
새로운 시대를 향해 나아갑니다

고난과 역경 속에서도
희망을 잃지 않고
정의와 진실을 향해
나아가는
단재의 혼
영원히 기억하겠습니다..

첫눈 내리는 밤

밤하늘을 춤추며 내려앉는 눈송이
잊힌 기억의 조각들을 깨운다
차가운 바람은 겨울의 시작을 알리고
쓸쓸한 마음은 젊은 날의 그리움으로 물든다

풋풋했던 설렘 뜨거웠던 열정
지금은 희미한 꿈결처럼
가슴 한편에 아련히 남아 있지만
첫눈 내리는 밤이면
선명하게 되살아나는 기억들

질퍽거리고 혼란스러웠던 청춘의 시간들
가슴 벅찼던 순간들
함께 했던 친구들과의 추억들이
눈송이처럼 흩날려 내려앉는다

먼 기억 속 젊은 날의 약속들
나누었던 꿈들 풋풋한 사랑 이야기들
지금은 희미해졌지만
여전히 따스한 온기로 남아 있다

멀리 떠나간 젊은 날의 나를 그리워하며
가슴 한편이 먹먹해진다

다시 그 시절로 돌아가고 싶은 마음
새로운 추억을 만들고 싶은 열망
첫눈처럼 순수하고 깨끗한 마음으로
어디론가 떠나고 싶다

밤하늘을 수놓은 눈송이처럼
영원히 빛나는 추억으로 남기를 바라는
첫눈 내리는 밤첫눈 내리는 밤

꿀벌들의 겨울잠

붉게 물든 깊은 산속
바위틈에 숨은 작은 집
따스한 꿀 향기 가득한
토종 꿀벌들의 보금자리

가을볕 쬐며 꿀벌들은
겨울 채비를 하네
짙은 꽃가루 달콤한 꿀
겨울나기 위한 귀한 양식

차가운 바람 불어오고
밤은 길어지지만
꿀벌들은 서로 엉켜
따스하게 잠드네

꿈속에선
봄날의 꽃밭이 펼쳐지고
윙윙거리는 날갯짓 소리

가을 깊은 산
토종 꿀벌들의 숨결
겨울잠 자는 밤
봄을 꿈꾸는 희망의 노래...

설경에 비친 햇빛

설경 위
반사된 햇빛
무지갯빛 반짝임
내 눈에 찍힙니다

햇빛은
그리움의 그림자
내 가슴 안에
파고듭니다

모닥불
사그라진 잿더미 추억 밭

설경 위
사랑의 새싹
움트고 있습니다

그리움의 뿌리
해할 수 없다는 듯이...

정월 대보름

장독대에 정화수 떠 놓고
잔에 비추어진 달님에게 기도하는
어머님의
서정적인 가락은 참으로 정겹다

두 손 모아 비는
한없이 낮아지는
겸손의 아름다움에
자식의 향기 꽃이 핀다

라면을 끓여놓고
형님 먼저 아우 먼저라는
TV 광고는 먼 옛날이야기가 되었다

달에 있는 계수나무 벌목되고
토끼 방아 찧는 모습이 사라졌어도

대보름날 달집에 불 지피고
두 손 모아 기도하는
어머니의 마음은
현대병 예방백신을 맞는 것이다.

새해 아침

2024
갑진(甲辰)년
떠오르는 태양빛 받으며
서해 바닷가
추억 길 걷는다

일렁이는 파도
썼다가 지워진 이름
그 길을 가고 있다

망망대해를 향해
유유히 나는
바닷새의
여유로움에서
평화를 보았다

나의 행복도
이제
시작점이다.

한곡리 연가

조계산 정기 받아
들어앉은 한곡리 239번지
동 청룡 서 백호 남쪽에서는
보성 강물 흘러든다네

초가삼간 작은 집에
호롱불 꺼질세라
밤새워 짚 가마니를
짜시던 아버님 그립구나

새벽녘 누룽지 내음
코끝에서 익어가고
아궁이 장작 불꽃엔
어머니 살아가신다

내 살던 고향 집엔
흰 구름 그대론데
앞마당 접시꽃은
다시 피지 않겠구나

보릿고개 넘어갈 때
감나무에
까치밥 남겼었지

여보게 이 사람들아
내쉴 곳은 남겨두게...

을왕리 연가

을왕리 해수욕장
해변의 풍경화
파도 이야기 들려주는 해송

그리움 안아 주는
햇빛 드는 공간
공주 넷, 왕자 둘
육 현의 합창곡

낭자가 건네준 땅 소주
한 잔
하늘이 선물한 바람 한 움큼
항해의 닻 내리고
저 건너 무지갯빛 하늘
한복판에
위드의 붓으로
시를 쓴다
내리는 눈발
빨랫줄 위에 시어 한 가닥 걸어놓고
떠나가는 나그네

집으로 떠나고 있다.

첫눈

하얀 그대가 온다는 소식에
잠을 설쳤다

반가운 첫눈

내 고향에서
구주가 오는 듯이
기쁜 소식이 날아들고

내가 걷는 둘레길에
밤사이 찾아온 하얀 그대가
태양빛에 반사되어 반짝이
는 모습
내 눈에 찍힌다

참 좋다

바람 1

바닷가로 인도한
애잔한 서사시 너머
저물어 가는 석양빛

창공을 나는 바닷새
날갯짓하는
무한의 자유

촘촘히 짠 그물에도
걸리지 않는
바람이고 싶다

바람2

누군가를 잠시
사랑하고 미워하는 것도
바람이고

빈 대숲에서 부는 것도
바람이더이다

열어젖힌 창밖에서
따뜻한 바람 모셔 와
자리 잡게 하리라

내 육신에...

내 어머니

소리 없이
싸락눈이 살짝 뿌린
어느 날 아침
무청 시래기를
정성스레 엮어내시며

서울에 간 아들 오면
추어탕 해 주신다던 어머니

가난한 저녁 밥상
하늘 보며 채우시고
깨물면 열 손가락
안 아픈 손가락 없다 하시던
사랑이신 내 어머니

아버지 술은 드셔도
실수 한번 안 하신다면서
칠 남매에게
바르게 살기를 원하시며
교육하시던 어머니

땀이 밴 적삼 입고
한평생 자식 위해
기도하면서 사셨는데

아버지의 영혼 따라
마중을 가신
내 어머니...

스무 해 詩 품에 안겨

울고 웃던 세월
책은 스승이요
글은 마음의 샘이었네

사업의 쓴 잔
시의 힘으로 욕심 내려놓았네

날숨 멈추는 날까지
멈추지 못할 운동과 글쓰기

詩
나의 벗이여
영원한 동반자여.

내 아이야

아이야
내가 널 좋아하는 만큼
비가 내리면
백록담 가득하겠지

내가 널 사랑하는 만큼
눈이 내리면
천지가 하얀 세상이겠지

내 아이야
나에게 행운이 있다면
이것 역시
너에게 주마

이것저것 줄 것 없는
나는
맑고 깨끗한 사랑
너에게 주고 싶구나

한국노년교육협회 창립

늙으신 손에 굳은살 박인
세월의 무게
지혜의 깊이
오늘, 새 역사의 서막을 연다

한국노년교육협회 창립의 깃발
드높이 휘날리며 꿈을 펼치리
박복선 교수의 열정
교육의 불씨 밝게 타오르리

세대를 잇는 다리
지식의 등대 되리라
배움의 기회
나이와 상관없이
모두에게 열려있는 문
활짝 열리라

인생 3막
빛나는 도약을 향해
꿈을 이루는 여정
함께 걸어가리라
노년의 아름다움
새롭게 피어나리라

반백의 나이

우리는
어디를 향해서 붙잡는 이 하나도 없지만
무엇이 그리도 급해서
바람이 부는 날이면 가슴 시리게 달려가고
비라도 내리는 날이면 미친 듯이
가슴이 먼저
빗속의
어딘가를 향해서 간다

나이가 들면
마음도 함께
늙어 버리는 줄 알았는데
겨울의 스산한
바람에도
온몸엔 소름이 돋고
시간의 지배를 받는 육체는
그 시간을 이기지 못하고 늙어가지만

시간을 초월한 내면의 정신은
가지처럼 어디론가로 새로운
푸르름을 향해서
자꾸자꾸 뻗어 오르고 싶다

백담사에서

산전수전(山戰 水戰)
겪다 보면
지혜(智慧)도 깨닫게 된다.

사랑이 뭔지
아픔이 뭔지
그리움은
추억(追憶)이라는 것을
배우지 않아도
터득하며 살아간다.

사랑하는 것도
미워하는 것도
바람이리라.

웃음을 지으려면
마음이 순백(純白)
해야 하리라.

이 길을 작가와 함께
숨 고르기 하며
걷는다

뒷모습이 아름다운 사람은
보람된
미래가 있다.

나의
내면에 사랑 가득 담아
뒷모습이
아름답기를
청(菁) 해 본다.

누름돌(민조시)

세월의
흐름 속에
맛 요리사의
누름돌이 있다

어머니
마음 안에
자식 사랑의
반질한 누름돌

수북한
열무김치
숨을 죽이면
맛이 최고였다

욕심도
버리시고
사랑 전하던
정성의 맛이다

마음을
누르시며
사신 어머니
많이 보고 싶다.

무지개(민조시)

물젖은
하늘에는
일곱 색깔의
무지개 떠 있네

반원형
다리 놓고
눈부신 황혼
환희가 놀잔다

무지개
바라보면
첫사랑 생각
내 마음 뛰노니

생전에
잊히지
않는 참사랑
무지갯빛 그대.

고구마 연정

보슬비 내리는 사월
넝쿨이 땅을 만나 혼례식을 한다

넝쿨은
땅속에 뱃속 아이를
품는다
농부는 높은 하늘 아래서 가을을
수확한다.

어미는 눈물 같은 하얀 진액을
흘리고는
금세 아물고 있다

어미와 막 떨어진 창조의 배꼽이다

넝쿨은 둘둘 말려 밭 둑에 걸쳐
소먹이 되기를 기다리고
아이는
안방을 차지한 뒤주 안에 든다

첫눈 내리는 날 밤
만석궁 칠 남매
화롯가에 앉았다

고구마 한 소쿠리
동침이 한 양푼

최고의 만찬이다.

아버지의 사랑

그리워할 게 아닌
장년의 나이에도
그 시절이 그리워진다

과거를 추억하는 걸까
연민하는 걸까

겨울날
동네 방죽에서 스케이트 타고
옷이 젖어 들어올 때면
용렬한 아이 총명한 아이 하시면서
스케이트를 만들어 주신 아버지

방패연 날리기 장날이면
단 국수를 사 주시며 함께 먹던
그날이 그립다

사랑이 고프다

병마와 싸우시면서도
손수 어린 아들 이부자리를 깔아 주시며
'어서 자거라'하시던 사랑이신 아버지

어린 시절 영좌(靈座)에
모셔놓고 아침저녁 잔 올리며
제를 올리던 3년의 세월
동네 시계가 되었던 시절

아버지의 참사랑
가슴 깊이 새기며

인생의 끝자락에서
영원히 있을 거라 생각했던
나의 시간이
부서져 가고 있다

점점 더
아버지를 닮아 가고 있다

*영좌(靈座): 부모의 신주를 모시는 곳

나의 조각품 1

나는 언제나 내 생각대로 조각했다
결혼 후에는
아내를 현모양처로 신사임당 같은
사람이 되기를 원했고

딸에게는 도덕 선생님이 되고
때로는 올리비아 핫세처럼
마더 테레사를 꿈꾸며

아들에게는 검 판사가 되기를 원하며
어느 날은 조지 고든 바이런*처럼
시인이 되기를 원했으며

나 자신까지도
최고급 승용차 뒷자리에
탈 수 있게 해 달라고
끝없는 욕심을 채우려고
조각했다
내
조각품이 내 마음대로 안 될 때는
화를 내고 술을 마시며 울화를
이기지 못하고 울었던 적도 있었다.

내
욕심을 채우기 위해

아내에게
딸 아들에게
내 마음대로 날카로운 칼날로
조각했었다.

아직도 내 조각품은 미완성이다

사업의 하행 길에 내 주머니엔
1,000원짜리 지폐 한 장이었던 날
내 몸은 열 발자국 걷다가 쉬었다
가야만 하는 폐인이 되었던 적도 있었다

돈도 명예도 자신까지도 특히 나의 거만한 욕심도
끝없이 버려야 한다고 생각했고
실천하기 위해 산을 오르며 땀방울을 흘리고
마음으로 나무들과 교감을 했다.

나는 자연인이다
건강도 찾았다
내 마음 밭에 앉아서
대 자연의 아름다움을 본다
나의 행복은
오늘이 시작점이다.

*바이런(영국 시인. 철학자 작가)

겨울연가 1
  - 동치미와 고구마

눈이 내리고 차가운 바람이 불면
어머니의 손맛 가득한
동치미가 그립다

맑고 투명한 국물
아삭하게 씹히는 무의 식감
겨울 추위를 녹이는 시원하고 개운한 맛

동치미 한 숟가락 떠 넣으면
코끝을 자극하는 매콤한 겨자 향
달콤한 배의 향긋함
어머니의 따뜻한 사랑이
입안 가득 퍼진다

동치미 국물은 추운 겨울밤
따뜻한 온기를 마음까지
시원하게 전해 준다

동치미만큼이나
따스한 추억을 불러오는 건
바로 구수한 고구마

동치미만큼이나
따스한 추억을 불러오는 건
바로 구수한 고구마

보릿고개 시절
먹을 것이 귀했던 겨울밤
따끈따끈한 고구마는
허기를 달래주던
소중한 먹거리였다

아궁이에 구우면
달콤한 향을 품어내는 고구마
뜨거운 김을 뿜으며
손으로 껍질을 벗겨 먹는 맛은
그 어떤 맛보다 달콤했다

동치미 한 그릇
고구마 한 덩이
추운 겨울밤을 녹였던
어머니의 사랑
고향의 따스한 맛...

겨울연가 2
- 희망 안은 을왕리 해변

겨울바람이 스쳐 지나가는
을왕리 해변
하얀 모래 위에 새겨진
잊지 못할 추억이 속삭이네

위드타임즈 작가들의 송년 만남
그 자리에 울려 퍼졌던 함성은
아직도 가슴속에 뜨겁게 남아 있네

희망을 향한 작은 발걸음들
모래 위에 아름다운
하얀 흔적을 남겼지만
차가운 계엄령이
그 흔적들을 덮어버리네

희망찬 웃음은
차가운 공기 속에 쓰러지고
따스했던 햇볕은
먹구름에 가려져 빛을 잃었지만
함께한 작가들의 마음은
따스한 빛으로 반짝이네

바람은 평화를 앗아가려 하고
파도는 우리의 꿈을 삼켜버리려 하지만
손잡고 가는 길은
새로운 세상으로 향하는 길은
우리 마음속에 영원히 빛나는 등대

겨울연가 3
 - 방패연

겨울바람에 춤추는 연들의 무대
아이들의 웃음소리로 가득 찼고
하늘을 향해 힘차게 날아오르는 연들은
겨울 하늘을 더욱 빛나게 했다

내 손에 들린 연은
아버지께서 정성껏 만들어 주신 방패연
창호지에 대나무 살을 붙이고
순백색의 방패연은
하늘을 향한 나의 꿈처럼
높이 날아오를 준비를 하고 있었다

숙모님께서
정성껏 뽑아 주신 명주 실꾸리
바람에 힘차게
연을 하늘 높이 끌어올렸다

동생과 함께
힘껏 달려가며 연줄을 풀어냈다
"와! 형, 연 봐! 진짜 높이 날아!"
동생의 맑은 목소리가
추운 겨울 공기를 녹였다

푸른 하늘을 가르며
높이 날아오르는 방패연
신나게 뛰어다니는 친구들 웃음소리
따스한 겨울 햇살이
온 세상을 감싸 안았다

겨울연가 4
- 홍시

고향 집 마당 가
감나무에
주렁주렁 매달린
붉디붉은 홍시

겨울바람 스산하게 불어오던 밤
감나무 아래 쪼그리고 앉아
따스했던 숨결을
홍시에 불어넣었던 기억이 난다

손으로 살짝 눌러보니
말랑말랑하게 익은 홍시가
톡 하고 터져 나와
붉게 물든 과육은
햇살에 익은 듯 빛나고
달콤한 향기가
코끝을 간지럽혔어

혀끝에서 사르르 녹아내리는 그 맛은
세상의 모든 근심을 잊게 할 만큼 달콤했어
어린 시절의 행복을 그대로 간직한 듯

겨울바람 매섭게 불어와도
홍시 속에는
햇살 가득 머금은
고향의 따스함이 남아 있지
마음속 깊이 간직한 달콤한 추억처럼

겨울연가 5
- 바람개비

살랑이는 바람결에
빙글빙글 돌아가는 바람개비
멈추지 않고 회전하며
세상과 소통하는 모습

마치 인생 같습니다

때로는 맹렬한 바람에 흔들리고
때로는 고요한 바람에 잠잠하지만
결코 쉬지 않고
자신의 길을 나아가는 바람개비

인생 또한
기쁨과 슬픔
희망과 절망이라는
변화 속에서
끊임없이 돌아가는
바람개비 같습니다

바람개비처럼
세상 속에서
끊임없이 회전하며
자신만의 아름다운 빛깔을 내는
인생

그 빛깔 속엔
희망과 사랑
그리고 용기가 담겨 있습니다

겨울연가 6
- 설날의 추억

눈 내리던 겨울날
고향 마을은
설렘과 흥겨움으로 가득했었지

온기가 가득했던 설날
그때의 추억이
마치 눈송이처럼
하나둘 떠오르네

치자색 복조리
방죽 위 달리는 얼음썰매
따스한 아랫목
함께 했던 동네 사람들

마을 어귀에서 울려 퍼지는
흥겨운 농악 소리
아이들의 꺄르르 웃음소리
그리고 함께했던 윷놀이

새해 소망을 담아
가족들과 나눠 먹었던
떡국 한 그릇의 그 맛은
아직도 내 입안에 맴돌아

모두가 한데 어우러져
따뜻한 정이 넘치던 곳
그곳에 가면 따스한 추억이 있다

겨울연가 8
 - 눈 덮인 고향

고요히 잠든 고향 마을
눈 덮인 논길 위에
첫 발자국을 찍는다

눈 쌓인 논두렁 너머
아련한 옛 추억이 펼쳐지고
고향 마을 풍경이 눈에 담긴다

따스한 햇살이 스며드는
처마 고드름은
옛 추억을 닮은 수정처럼 빛나고

훈훈한 온기가 가득했던
아랫목에서는
어머니의 따뜻한 손길이 느껴진다

눈 덮인 길
저 너머 보이는
희미한 안갯속의
마을 샘터

맑고 차가운 샘물을
마시면서
숨을 들이쉬던 기억
가슴속 깊이 스며든다

눈 덮인 고향 마을
생전에 분실할 수 없는
겨울연가...

겨울연가 9
- 정월 대보름

대숲 바람 실어 온 푸른 대나무
마른 풀잎 낙엽과 어울려
하늘 향한 둥근 달집
보름달 빛 아래 서 있네

솔가지 등불 작은 소망 담아
달집에 매달고 풍년을 기원하는
흥겨운 노래 밤하늘 가득 채우네

타오르는 불꽃 꿈을 실어와
하늘로 치솟는 연기
별빛 속에 흩어지네
따뜻한 불빛 얼굴 비추며
달콤한 약과와 고소한 부럼은
이야기꽃으로 밤새 피어나
행복한 웃음 가슴에 새겼네

추억 속에 잠긴 정월 대보름
그 밤으로 돌아가고 싶어라.